Bunter Kinder-Kosmos

Bunter Kinder-Kosmos

Tiere in Haus und Garten

Kosmos · Gesellschaft der Naturfreunde
Franckh'sche Verlagshandlung · Stuttgart

Titel der italienischen Originalausgabe:
" GUARDA E SCOPRI GLI ANIMALI "

Herausgeber und künstlerische Leitung
RINALDO D. D'AMI

Mit 247 farbigen Illustrationen von
SERGIO BORELLA, GENNY BUCCHERI,
GIOVANNI CASELLI, NATALE FEDELI,
GIUSEPPE FESTINO, EZIO GIGLIOLI,
BRUNO PENNISI

Italienische Originalausgabe
PRODUZIONI EDITORIALI D'AMI

Übersetzt aus dem Englischen ins Deutsche von
ULRIKE ULRICH

Noch viele andere Tiere
zeigen weitere Bände des Bunten-Kinder-Kosmos
TIERE IN FELD UND HOF (II)
TIERE IN WALD UND FLUR (III)
TIERE IN FLUSS UND TEICH (IV)
TIERE IN SCHILF UND SEE (V)
TIERE AUS BERG UND TAL (VI)
TIERE IN EIS UND SCHNEE (VII)
TIERE IN URWALD UND WÜSTE (VIII)
TIERE AN STRAND UND KÜSTE (IX)
TIERE AUS PAMPA UND TROPENWALD (X)
TIERE AUS STEPPE UND DSCHUNGEL (XI)
TIERE AUS OZEAN UND TIEFSEE (XII)

7. Auflage, 81.—95. Tausend
Franckh'sche Verlagshandlung, W. Keller & Co.
Stuttgart 1972

Printed in Italy by Stab. Grafico Marietti, Torino
LH 9 Ste / ISBN 3-440-03449-6

Wollt ihr einen Ausflug ins Reich der Hunde, Katzen, Vögel, Würmer und Insekten machen? Dann schaut in dieses Buch, das euch in die großen Geheimnisse der Tierwelt einführt. Endlich könnt ihr den Tieren einmal bis zu ihren verborgensten Schlupfwinkeln folgen und sie dort ungestört beobachten, könnt erfahren, wie ein Käfer lebt, wo sich eine Maus verkriecht, wie sich eine Kröte von einem Frosch unterscheidet, warum der Schwalbenschwanz einen so seltsamen Namen hat und vieles mehr.

Künstler und Tierforscher haben dieses Buch so bunt und lebendig gestaltet, daß ihr und vielleicht sogar eure Eltern neugierig einen Schritt in diesen bunten Zoo wagt, in dem ihr jetzt jeden Tag kostenlos neue Entdeckungen machen könnt.

Bingo, der Haushund

Bingo ist ein hübscher Hundename. Auf unserem Bild siehst du einen jungen Basset. Bassets sind eigentlich Jagdhunde, doch unser Bingo ist ein Familienhund. Wenn du mit ihm über die Felder spazierst, ist er wie verrückt vor Freude, schnüffelt neugierig an jedem Baum und Strauch, buddelt Mäuse- und Kaninchenlöcher auf und ist fortwährend mit irgendwas beschäftigt. Daheim ist er verspielt und kann sich stundenlang mit einem alten Schlappschuh oder einem Gummiball herumbalgen. Plötzlich hört er auf und macht einen schiefen Kopf. Hat er etwas gesehen? Nein, aber gehört, irgend etwas, das dir völlig entgangen ist, denn Bingo hat viel, viel schärfere Ohren als du. Futter braucht er auch, unser Bingo, und zwar regelmäßig zu einer bestimmten Zeit — doch du bringst es einfach nicht übers Herz, »nein« zu sagen, wenn er beim Essen bettelt und dich treuherzig anguckt und sein Schwanz so erwartungsvoll hin und her wedelt, und so gibst du wieder einmal nach.

Weißt du,
daß Hunde 10 bis 15 Jahre alt werden, ganz selten älter? Daß sich ein Hund, der auf dem Lande lebt, Heilkräuter sucht, wenn er sich schlecht fühlt? Daß selbst ein mißgelaunter, bissiger Hundemann nie eine Hündin oder einen jungen Hund beißen wird? Daß dieser Basset nur 26—36 cm groß ist?

Lieblingsnahrung:

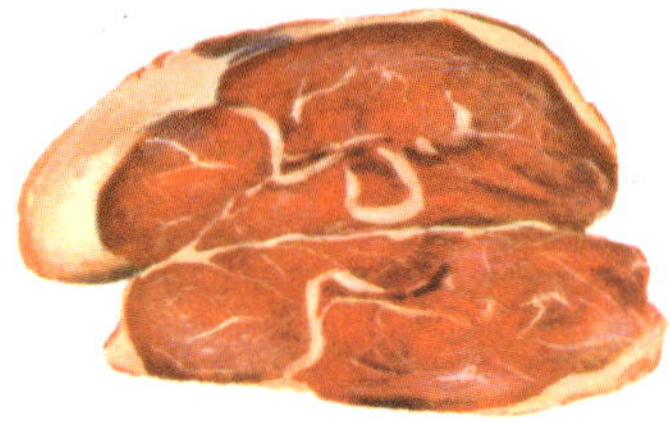

Rohes Fleisch

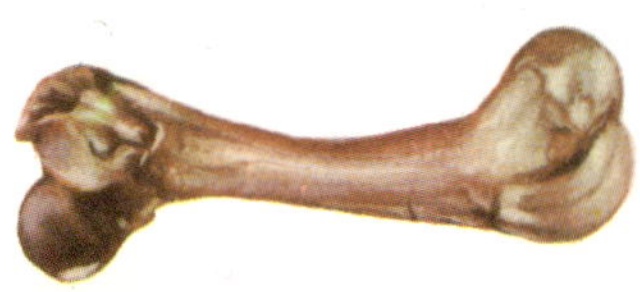

Knochen

Hundeschokolade

Hundebiskuits

Früher lebten die Hunde wild. Wollten sie schlafen, so suchten sie sich im Gras ein Plätzchen und drehten sich so lange im Kreise, bis eine bequeme Kuhle entstanden war, in der sie schliefen.

Ein Hund erkennt seinen Herrn nicht an den Farben. Für ihn ist alles schwarz, weiß oder grau. Aber andere Sinne, vor allem der scharfe Geruchssinn, machen dies wieder wett.

Die eigene Reinigung der Hunde durch ihr Belecken ist nicht sehr gründlich. Der Herr muß immer wieder nachhelfen, mit Baden, Bürsten und Kämmen.

Mancher Hund, der sich kilometerweit verlaufen hat, findet wieder zu seinem Herrchen zurück. Wie? Sein gutes Gedächtnis und der hervorragende Geruchsinn helfen ihm dabei.

»Als die Hunde wild lebten, machten die Rudelführer an Bäume und Steine ihr ›kleines Geschäft‹, und dieses Zeichen bedeutete: ›Mein Land! Betreten verboten!‹ Eine ›Sitte‹, die noch heute gilt.«

Hundebegegnung – die steil gestellten Schwänze wedeln. Sie beschnuppern sich gegenseitig, und meist ist dann alles in Ordnung; sonst gibt es eine Rauferei.

Mieze, die Hauskatze

Kinder lieben sie. Wenn du sie streichelst, schnurrt sie vor Behagen. Und weißt du auch, warum sie so gern auf deinen Schoß hopst? Weil es dort so bequem ist. Sie ist ein anmutiges, würdevolles Tier. Nie schlingt Mieze ihr Essen hinunter, wie es Hunde tun. O nein, sie riecht erst daran, versucht ein Häppchen, und dann erst beginnt sie zu schmausen. Schau, wie sie morgens aufwacht! Sie gähnt, streckt ein Bein nach dem anderen und macht einen Buckel: ihre Morgengymnastik! Und dann wäscht sie sich mit ihrer rosaroten, rauhen Zunge und leckt ihr Fell bis zur Schwanzspitze blitzblank. Mieze ist eine gute Mutter. Wenn Gefahr droht, packt sie ihre Kinder beim Genick und trägt eines nach dem anderen an einen sicheren Ort. Kommt ein fremder Hund, dann zeigt sie ihre Zähne, faucht drohend, ihr Schwanz schnellt hoch und sieht plötzlich doppelt so groß aus, weil sich jedes einzelne Haar sträubt. Sie ist sehr mutig, obwohl sie mit einer Körpergröße von 40—50 cm kleiner als die meisten ihrer Angreifer ist.

Weißt du,
daß Mieze fast jedesmal auf allen vieren landet, wenn sie von nicht zu großer Höhe herunterfällt? Daß sich bei hellem Licht ihre Pupillen zu schmalen Schlitzen verengen, nachts aber weit geöffnet sind und selbst den kleinsten Lichtschimmer auffangen? Daß ihr feines Gehör die leiseste Bewegung einer Maus vernimmt, die sich hinter dem Schrank versteckt?

Lieblingsnahrung:

Milch

Fisch

Mäuse

Mieze »wäscht« sich. So wird sie ihren verräterischen »Katzengeruch« los, ehe sie sich unbesorgt vor ein Mauseloch setzen und ihr ahnungsloses Opfer überraschen kann.

Auf dem Lande kommt es nicht selten vor, daß Katzen tagelang wildern. Sie entpuppen sich als richtige »Wildkatzen«, als Raubtiere, in denen die Instinkte ihrer Ahnen wieder erwacht sind.

Auch Katzen können von Natur aus schwimmen. Da sie aber seit eh und je eine Abneigung gegen Wasser hegen, tun sie es nur im äußersten Notfall: Was sein muß, muß sein.

Mieze weiß ihre Schnurrhaare rechts und links vom Schnäuzchen zu schätzen, besonders bei Nacht. Denn wo diese Schnurrhaare nicht anstoßen, kann Mieze mühelos durch eine Lücke in der Wand schlüpfen.

Manche Katzen sind sehr gelehrig – wenn sie wollen und es sich für sie lohnt. Diese hier hat gelernt, wie man mit der einen Pfote die Klinke herunterdrückt und mit der anderen den Griff festhält.

Die Stubenfliege

Wir glauben, die Stubenfliege sei ein einfach gebautes Insekt. Sie ist jedoch mit vielen »natürlichen Werkzeugen« ausgestattet – einige davon sind hier abgebildet. Sie helfen ihr beim Fliegen, bei der Nahrungssuche und bei der Verdauung. Sieh dir ihre zwei behaarten Fühler an, rechts und links von dem Ding, das wie eine Zunge aussieht! Damit riecht sie. Und mit ihren Beinen schmeckt sie. Sobald sie etwas Eßbares geschmeckt hat, schnellt die »Zunge« – der Rüssel – vor, und das Mahl beginnt. Die Fliege auf dem Bild saugt gerade einen Honigtropfen auf. In der freien Natur sind sie nützlich, denn sie legen ihre Eier auf alles, was fault und schlecht riecht. Und wenn die winzigen Maden auskriechen, dauert es nicht lange, bis der Unrat verzehrt ist. In der Wohnung sind Fliegen gefährlich, weil an ihren Füßchen Tausende und aber Tausende von Krankheitserregern haften, die auf Menschen übertragen werden können. Deswegen müssen Wohnungen fliegenfrei sein und Nahrungsmittel – besonders im Sommer – fliegensicher aufbewahrt werden.

Weißt du,

daß sich die Augen der Stubenfliege aus 4000 Einzelaugen, den Facetten, zusammensetzen? Daß Fliegen taub sind, aber die winzigste Schwingung der Luft fühlen? Daß sie sich selten auf blaue Vorhänge, Tapeten oder Wände setzen?

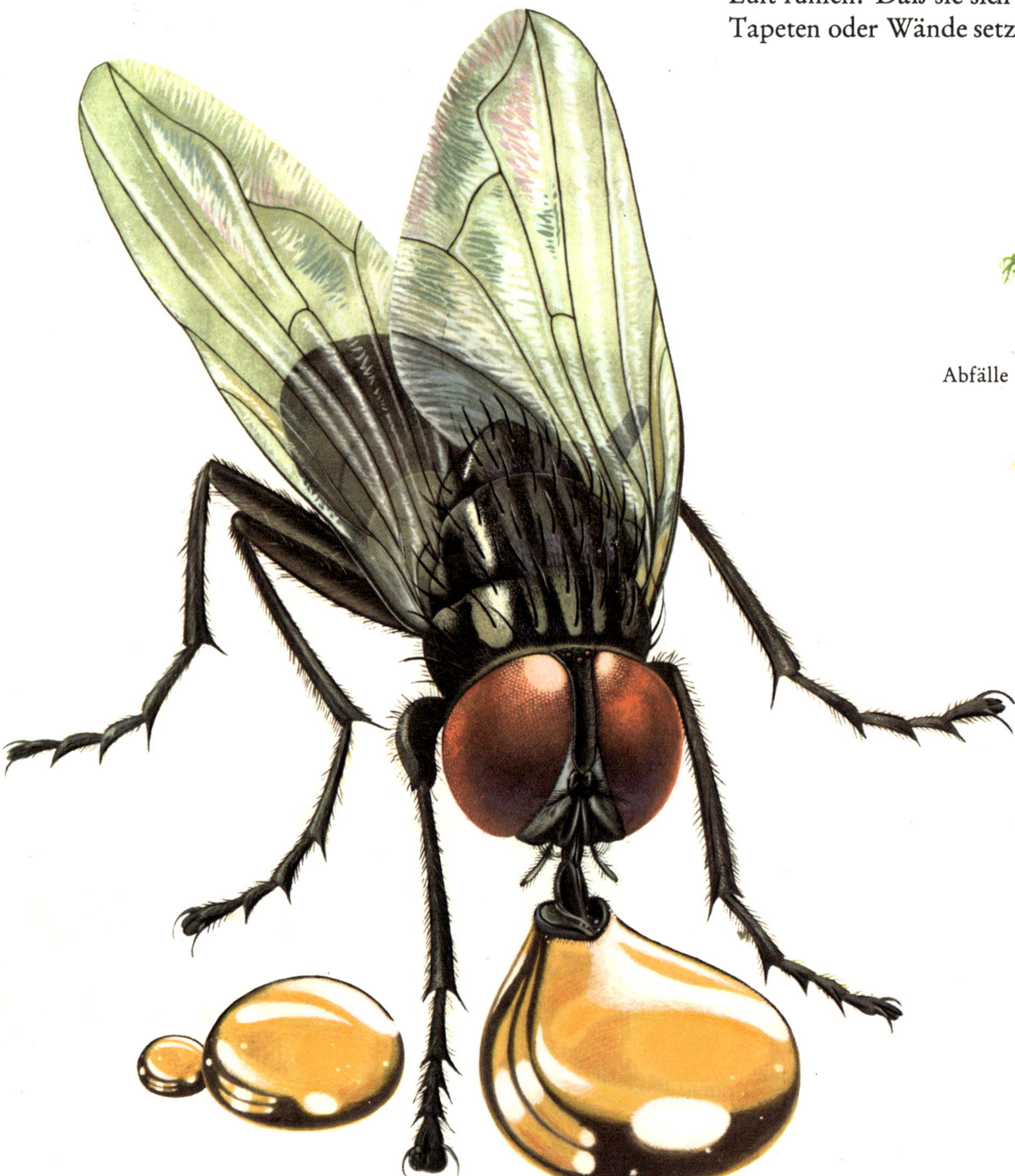

Lieblingsnahrung:

Die Fliege, die auf dem Fußboden oder auf einem Tisch landen will, benutzt ihre Flügel nicht – sie legt sie an und kommt wie ein Düsenflugzeug im Sturzflug herunter, genau auf die erwählte Stelle.

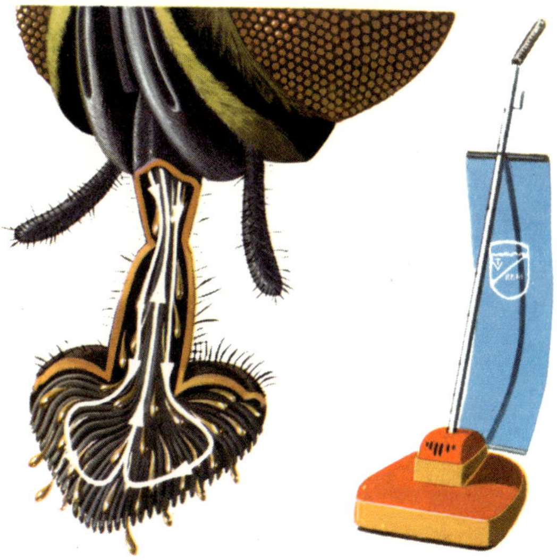

Um feste Nahrungsteilchen flüssig zu machen, läßt die Fliege ein Speicheltröpfchen darauf fallen und saugt sie dann wie ein Staubsauger auf. Wunderbar, wie dieses Geschöpf ausgestattet ist.

Die Fluggeschwindigkeit der Stubenfliege entspricht der Geschwindigkeit eines rasch gehenden Menschen. Man hat ausgerechnet, daß sie 8 Kilometer in der Stunde zurücklegen kann. Das ist viel!

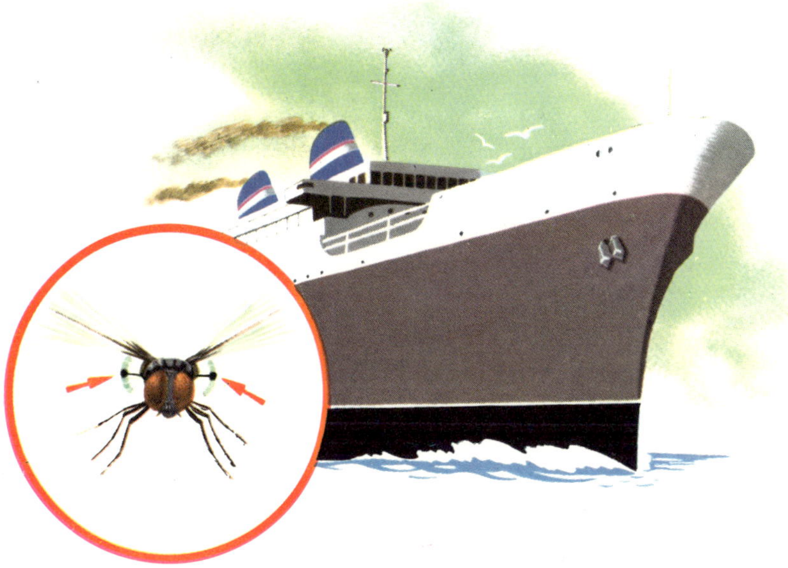

Die beiden Pfeile zeigen auf die Schwingkölbchen hinter den Flügeln. Sie helfen der Fliege, in der Luft das Gleichgewicht halten. Ein Schiffskompaß hat eine ähnliche Vorrichtung.

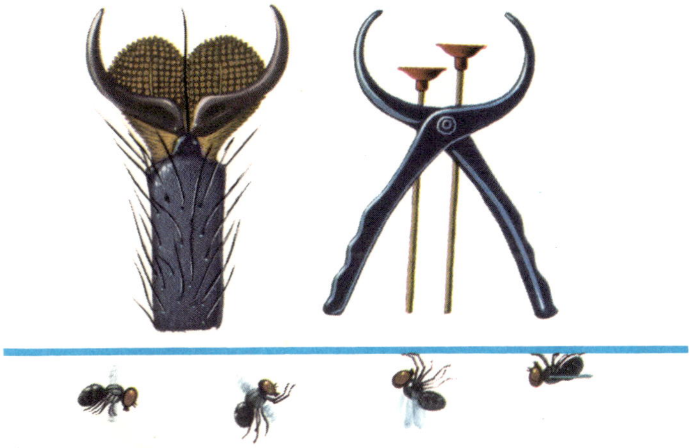

Tapetenlandung: zuerst mit den Vorderbeinen, so daß der Körper nach vorne gerissen wird und die Hinterbeine nachfolgen müssen. Mit Häkchen und Haftballen der Füße klammert sie sich fest.

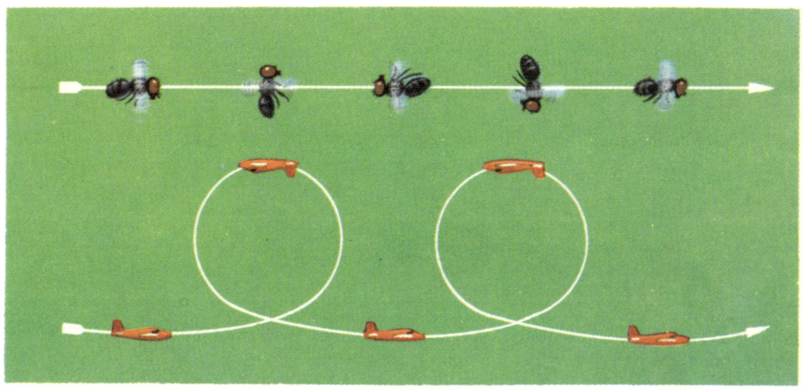

Wie ein Kunstflieger kann sie die herrlichsten Schleifen ziehen, sich drehen und wenden, nach oben, nach unten und hinter sich sehen, und alles so schnell, daß deine Augen nicht folgen können.

Hansi, der Wellensittich

Wenn du Hansi, den grünen Wellensittich, zusammen mit seinem blaugefiederten Weibchen siehst, kannst du leicht unterscheiden, wer das Männchen und wer das Weibchen ist. Das Männchen hat über dem Schnabel einen hellblauen Fleck, das Weibchen einen braunen. Wellensittiche zählen zu den beliebtesten Käfigvögeln. Von morgens bis abends kichern sie fröhlich und begrüßen dich erfreut, wenn du zu ihrem Käfig kommst. Sprechunterricht kannst du deinem gefiederten Schüler nur in einem ganz ruhigen Zimmer erteilen. Am besten seid ihr dabei allein. Wellensittiche sind anspruchslose, muntere Wesen. Der Vogelhändler wird dir genau sagen, wie du deinen kleinen Kameraden pflegen mußt. Vergiß nicht, nach dem Käfigsäubern den Boden mit besonderem Sand zu bestreuen, denn Wellensittiche haben keine Zähne, mit denen sie die harten Samenkörner zerkleinern können. Darum müssen sie Sandkörner aufpicken und schlucken, die im Magen das Futter zermalmen und zerreiben helfen.

Weißt du,

daß dein langschwänziger Sittich zu den Papageien gehört und in Australien beheimatet ist? Daß man Jungvögel meistens an ihrem dunklen Stirnband erkennt, das nach 4 bis 5 Monaten verschwindet? Daß Wellensittiche in Europa zuerst unter dem Namen »Liebesvögel« bekannt wurden, weil sie sich mit ihren Schnäbeln stundenlang liebkosen?

Lieblingsnahrung:

Vogelbiskuits

Hirsekolben

Hansi füttert sein blaues Weibchen, während es die Eier ausbrütet auch nachher, wenn die Jungen geschlüpft sind. Er ist immer eifrig um sein Frauchen besorgt.

Ein Wellensittichkind ist flügge geworden! Halte ihm einen Finger hin, bis er das Landen erlernt hat. Der Wellensittich ist, wenn er ausgewachsen ist, 22 cm groß.

Wellensittiche spielen gerne. Stundenlang können sie sich mit einem durchlöcherten Ball oder einem Tischtennisball, der an einer Schnur baumelt, beschäftigen. Dieser hier macht es besonders nett.

Wellensittiche sind geborene Artisten! Kopf- und Fußhang machen ihnen keine Schwierigkeiten. Es ist für sie nicht schwer, Kunststücke zu machen und das Gleichgewicht zu halten.

Ein kleiner Spiegel ist der beste Gefährte für einen einsamen Wellensittich. Auf ihm kann er nach Herzenslust herumhacken, mit seinem Spiegelbild schnäbeln oder »Gespräche« führen, je nach Laune.

Beim Sprechunterricht. Mit viel Geduld kannst du deinem Hansi bis zu 50 Wörter beibringen, ihn sogar lehren, kleine Liedchen nachzupfeifen. Aber vergiß nicht – Geduld und nochmals Geduld!

Unser Kanarienvogel

Kanarienvögel sind liebe Hausgenossen. Es ist lustig, sie beim Spielen zu beobachten. Wenn du mit ihnen sprichst, machen sie aufmerksam ein schiefes Köpfchen und zwitschern ihr »Tschieb, Tschieb«. Wir kennen einen Kanarienvogel, der uns immer wissen läßt, wenn er frischen Salat haben möchte. »Sieh her!« piepst er in seiner Sprache und wirft die welken Salatblätter auf den Käfigboden. Kanarienvögel sind begeisterte Musikfreunde. Besonders wenn eine Sopranstimme erklingt, versuchen sie in den Gesang einzustimmen. Nicht alle Kanarienvögel sind so gelb wie das Pärchen auf dem Bild. Doch nie fehlt ihrem Gefieder ein gelber Schimmer. Manche Kanarienvögel sehen mehr einem Stieglitz ähnlich. Doch was tut's – wir lieben sie doch alle!

Weißt du,

daß Kanarienbabys ihre Augen erst nach einer Woche öffnen? Daß Männchen nur selten singen, wenn ein Weibchen im Käfig ist? Daß der Kanarienvogel mit Schwanz gerechnet ungefähr 12 cm lang wird?

Kanarienvögel bei der Brautwerbung. Sie können gar nicht genug bekommen vom Schnäbeln. Doch diese kleinen »Dolchstiche« tun natürlich nicht weh und bedeuten: Ich kann dich soo gut leiden.

Papa gibt seinen Söhnen Gesangunterricht. Sie sehen, wie er den Schnabel aufmacht, wie bei jedem Ton seine Kehle anschwillt. Nur Männchen singen. Mit ihrem Gesang wollen sie ein Weibchen anlocken.

Er pickt Sandkörner auf, die gleich in seinen eigentlichen Magen rutschen, wo sie die zuerst im Kropf vorverdaute Nahrung vollends zerreiben und zerkleinern helfen. Darum Vogelsand in den Käfig!

Die Mutter polstert das Nest der jungen Kanarienvögel mit Federn aus. Auch sonst ist sie sehr um das Wohl ihrer Nachkommenschaft bemüht.

So viel kann ein Kanarienvogel in einem Jahr verdrücken! Gemischtes Vogelfutter, Hirse und Spitzsamen, viel Salat und Spinat, Spezialkekse und viele Frischobststückchen und schließlich noch Tintenfischschulpe, an denen er seinen Schnabel wetzen kann.

Dickerchen, der Hamster

Dickerchen, der Hamster, ein kleines energisches Kerlchen, ist trotz seines fetten Bäuchleins voller Leben. In seinen großen Backentaschen trägt er seine Nahrung nach Hause, in seine Höhle. In einem Käfig fühlt er sich nicht wohl, und darum wollen wir lieber sehen, was er draußen in der Natur treibt. Meistens lebt er allein in seiner unterirdischen Höhle. Sobald sich ein fremdes Hamstermännchen oder irgendein anderes Tier in seine Nähe wagt, greift er sofort an, und haben seine Zähne einmal gefaßt, lassen sie nicht wieder los, und der Kampf endet dann meist so, daß der Sieger ein Stück Fell in der Schnauze hält, das er seinem Gegner ausgerissen hat. Wenn Dickerchen Familienzuwachs erwartet, gräbt er für sich und die Kinder eine besonders geräumige Wohnung, wo er unglaublich viele Vorräte stapelt. Den Winter verschläft er in seiner Erdhöhle, in die er vorher noch viel Nahrung getragen hat.

Weißt du,

daß Hamster 4 bis 5 Jahre alt werden können? Daß sie nur 28 cm groß werden? Daß ihre Erdbehausung oft in Wohn-, Schlaf- und Kinderzimmer aufgeteilt ist, in der auch Vorratskammer und Toilette nicht fehlen? Daß sie außer Getreide auch Insekten, junge Schlangen und kleine Säugetiere vertilgen?

Ein zahmes Hamsterweibchen in einem Nistkasten. Wie eine Katze trägt auch sie ihre Jungen im Maul. Siehst du das Hamsterkind rechts? Es kann sich doch tatsächlich schon selber waschen!

Auch Klein Dickerchen macht sich mit der Zunge seine Pfoten naß und benutzt sie dann wie wir einen Waschlappen. Das dichte Haarkleid kann er nur mit Zähnen und Krallen entwirren.

Kinder blasen Schwimmtiere auf, Hamster füllen ihre Backentaschen mit Luft. So werden sie beim Schwimmen nicht müde, und außerdem bleibt ihr Kopf immer hübsch über Wasser.

Dickie hat »Besuch«. Besuche liebt er aber nicht. Hier kannst du sehen, wie wütend er seinen Gast behandelt. Mit Zähnen und Krallen geht er auf den Unerwünschten los. Das ist bei Hamsters üblich.

Vor Einbruch des Winters buddelt sich der Hamster lange Tunnel, in denen er bis zu 50 Kilogramm Samen, Gemüse und überhaupt alles, was er auftreiben kann speichert. Seine kostbare Last trägt Dickerchen in den Backentaschen heim, wo er mit den Vorderpfoten das Eingesammelte hinausdrückt und -schiebt.

Der Siamesische Kampffisch

Man nennt ihn so, weil er aus Thailand (Siam) stammt. Die Männchen sind so streitsüchtig, daß sie in ewigem Krieg miteinander leben. Doch wie schön sind sie! Und diese wunderbaren Farben! Wie prachtvolle Röcke sehen ihre flossenumsäumten Körper aus. Viele Menschen kaufen diese Fische für teures Geld und lassen sie in ihren Aquarien schwimmen. Doch in Thailand werden sie regelrecht aufeinander losgelassen wie Ringkämpfer. Nicht das Weibchen, sondern das Männchen baut das Nest, trägt die Eier hinein und bewacht die Jungen, bis sie davonschwimmen können. Sieht ihr Nest nicht wie ein schwimmendes Floß aus, ein Feenpalast aus Tausenden und aber Tausenden von glitzernden Luftblasen?

Weißt du,

daß diese Fische nicht viel älter als 2 Jahre werden? Daß ein einzelner jährlich über 15 000 Larven, Mücken und andere Insekten verspeist? Daß die Männchen die Alleinherrscher in ihrem Revier sein wollen und jeden Eindringling, selbst ihr eigenes Spiegelbild, angreifen? Daß diese angriffslustigen Fische eine Gesamtlänge von 10—12 cm erreichen?

Lieblingsnahrung:

Insekten

Siamesische Kampffische erstrahlen in allerlei Farben. Hier seht ihr ein grünes Pärchen. Sie legt gerade Eier, und er wartet, bis er sie aufnehmen und in das schwimmende Luftblasennest tragen kann.

Behutsam macht das Männchen eine neue Luftblase und fügt sie den anderen seines seltsamen Nestes hinzu. Erst wenn es fertig ist, darf das Weibchen näherkommen. Die Eier trägt das Männchen ins Nest.

Wenn ein Ei aus dem Luftblasenfloß herausfällt und zu versinken droht, schwimmt der stets wachsame Papa sofort hinterher und bringt es im Maul vorsichtig wieder zurück zu den anderen.

Nach der Paarung legt das Weibchen seine Eier ab, die das Männchen behutsam zum Nest trägt und zwischen die Luftbläschen legt. Von nun an übernimmt der Fischmann alles Weitere.

Papa ist ein wachsamer Kindshüter. Sobald das Weibchen der Kinderwiege zu nahe kommt, scheucht er es wütend zurück, denn er weiß, daß die Mutter ihre eigenen Kinder auffressen würde.

Millie, die Hausmaus

Sie sieht so unschuldig aus. Doch hat sie sich einmal in einem Haus angesiedelt, so wird sie und ihre zahlreiche Familie zu einer Plage. Mäuse hinterlassen überall die Spuren ihrer Verdauung und können Krankheiten übertragen. Damit ihre ständig nachwachsenden Nagezähne nicht zu lang werden, müssen sie nagen, nagen – mit Vorliebe an unseren Vorratsschränken. So verderben sie unsere Nahrung und fast alles, was sie finden. Wenn wir diese Schädlinge nicht loswerden, streunen sie bald in Scharen durch Küche und Keller; denn eine Mäusemutter hat jährlich 20 bis 30 Junge! Und diese bekommen nach 2 Monaten wieder Junge. Mit ihren Tasthaaren am Schnäuzchen und ihrem Geruchssinn findet Millie sich auch nachts zurecht. Dann wird sie erst richtig lebendig.

Weißt du,

daß Mäuse in einer Nacht eine 2 Zentimeter dicke Holzwand durchnagen? Daß sie sich, obwohl wärmeliebend, auch in den Schnee hinauswagen? Daß Mäuse die häufigsten Säugetiere sind und in jedem Land und Klima leben können? Daß die Maus 20 cm lang ist, wovon der Schwanz allein 10 cm mißt?

Lieblingsnahrung:

Käse

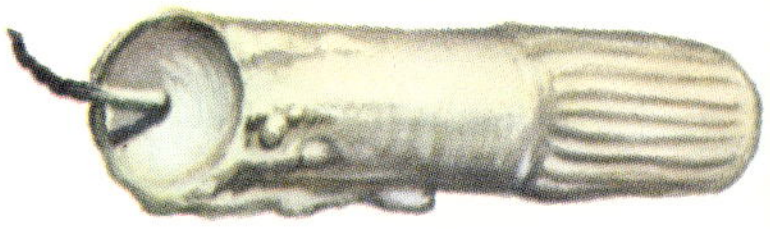

Wachslichter

Getreidekörner

Mit Krallen und Nagezähnen kann Millie an jeder nicht zu glatten Wand hoch. Sie nagt sich durch Holzwände und knabbert sogar Blei- und Gummiverschalungen der Lichtleitungen an. Ihr Nest polstert sie mit Stoffetzen, Holz und Wolle.

Mäuse können auch schwimmen, doch lieber gehen sie dem Wasser aus dem Wege. Viel Zeit verbringen sie damit, sich zu putzen. Darüber vergessen sie das Futtern aber nicht!

Mäuse, die erst kurze Zeit im Haus sind, wagen noch nichts. Doch bald werden sie kühner und erkunden ein Zimmer nach dem anderen. Ihre Nester unter dem Fußboden verlassen sie stets auf demselben Pfad, und ist ihnen eine scharfe Ecke im Weg, knabbern sie so lange daran herum, bis sie rund ist, damit sie, wenn sie verfolgt werden, rasch um die Ecke flitzen können.

Wenn eine Schallplatte läuft oder jemand Klavier spielt, taucht unsere Mausfamilie schon nach kurzer Zeit auf und ist ganz Ohr – Musik scheint Mäusen zu gefallen. Das ist ein netter Zug an ihnen.

Wenn Ratten kommen, müssen Mäuse verschwinden, denn die großen Vettern sind ihre Feinde, und viel, viel klüger. Daß Ratten aber ein Ei so befördern, ist ein alter Aberglaube.

Frau Hausspinne

»Behaupte bloß nicht, ich sei ein Insekt«, sagt Frau Hausspinne. »Ich bin ein Spinnentier! Insekten haben 3 Paar Beinchen, ich aber habe 4 Paar *und* 2 Taster, mit denen ich fühlen kann. Und 8 Augen hab' ich und kann für meinen ›Wohnraum‹ einen Seidenteppich spinnen, in dem sich die Fliegen verfangen.« So ist es. Sie spannt ihr Netz auf dem Speicher, im Keller oder hinter großen Möbelstücken in einer Ecke unter der Zimmerdecke. Und wenn sich dort mit der Zeit Staub festgesetzt hat, rufen die Menschen: »Seht doch mal, ein Spinngewebe!« und holen den Besen. Vielleicht wissen sie nicht einmal, daß dort noch eine Spinne wohnt. Tagsüber wirst du sie nie entdecken, denn sie kommt erst nachts aus ihrem Schlupfwinkel und sucht durstig nach einem Tropfen Wasser: am Abfluß der Badewanne oder des Waschbeckens.

Weißt du,
daß die Hausspinne für Menschen ungefährlich ist, obwohl sie mit ihrem Gift Insekten lähmt? Daß ihr winziger Mund Nahrung nicht zerkleinern kann? Daß es gar kein richtiger Mund ist, sondern das obere Ende einer Röhre in den »Saugmagen«? Daß ihr Netz nicht klebrig ist wie bei Spinnen, die im Freien leben, da sich in ihrem Netz nur die Füßchen ihrer Beute verfangen sollen?

Lieblingsnahrung:

Insekten

Fliegen

Frau Spinne in ihrem Eckhaus. In dem kurzen Tunnel wartet sie geduldig auf Beutetiere, denen es schlecht ergehen wird. In dem Säckchen, das an einem Spinnfaden herabhängt, sind ihre Eier.

Sie versucht gerade, eine Fliege mit ihren Mundwerkzeugen zu packen und ihr das Lähmungsgift einzuspritzen. Danach tritt ein Verdauungssaft aus und macht die Weichteile der Beute flüssig.

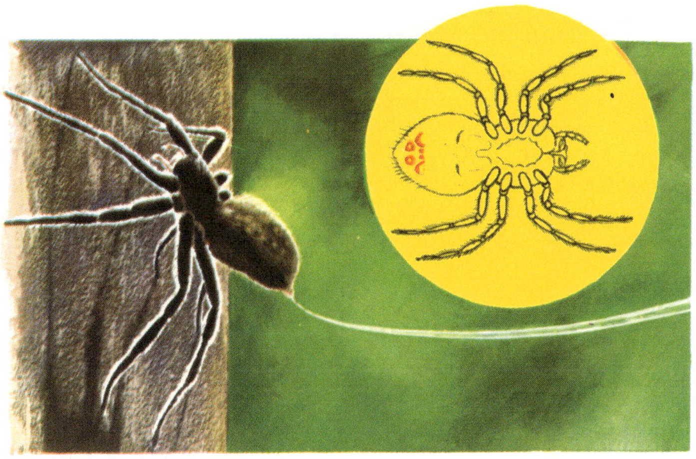

Hier kannst du deutlich die Drüsen am Hinterteil erkennen, aus denen die seidigen Spinnfäden herauskommen. Sie treten als zähe Flüssigkeit aus und erhärten an der Luft zu feinen Fäden.

Der Kokon, das Säckchen links oben im Bild, ist aufgeplatzt, und über 50 frisch geschlüpfte Spinnchen wuseln emsig umher. Sie sind noch klein, aber sie finden sich allein zurecht. Ausgewachsen sind sie 1 cm groß.

Eine furchterregende Großaufnahme von Frau Spinne. Mit ihren langen Beinen und ihren flinken Füßchen läuft sie im Eiltempo über ihren Gespinstteppich, in dem sich ihre Opfer rettungslos verstricken.

Daß so etwas gleich nach der Hochzeit passieren muß! Frau Spinne scheint ihren Frischvermählten nicht als Spinne anzusehen, sondern als eine willkommene Mahlzeit, die einfach verzehrt wird.

Die Rauchschwalbe

April! April! Jedes Jahr um diese Zeit kommen die ersten Schwalben aus dem warmen Süden zurück. In Deutschland und im übrigen Europa bedeutet das gutes Wetter. Diese wunderschönen Vögel mit den braunroten Flecken an Stirn und Kehle und ihren dunkelblauen Schwingen fliegen vor Einbruch der kalten Jahreszeit ins ferne Afrika, da sie dort immer Insekten finden. Mit weit aufgesperrten Schnäbeln erhaschen sie im Flug Mücken und Fliegen, denn sie kommen nur zur Nistzeit auf festen Boden herunter. Dann schleppen sie in ihren Schnäbeln eine Schlammladung nach der anderen zum Nest, um damit Strohhalme und andere Pflanzenteile zu befestigen. Zuletzt polstern sie ihre Wohnung mit trockenen Gräsern und weichen Federn aus, denn das Nest soll bequem und mollig warm sein. Besonders gerne benutzen sie dafür den seidigen Flaum der Hühner, der auf den Bauernhöfen herumliegt.

Weißt du,

daß Schwalben Jahr um Jahr in ihr altes Nest zurückkehren? Daß durstige Schwalben dicht über Teiche und Flüsse hinwegstreichen und im Fluge Wasser schöpfen? Daß sie ihre Eier und später ihre Jungen mutig verteidigen, wenn sich ein fremdes Geschöpf in ihre Nähe wagt? Daß die Rauchschwalbe eine Gesamtlänge von 19 cm erreicht?

Lieblingsnahrung:

Insekten

Schwalben sind geborene Segelflieger und schweben in raschem, anmutigem Flug weitaus besser durch die Lüfte, als das beste Segelflugzeug und – fangen und verzehren dabei sogar noch ihre Nahrung.

Mit einer Stundengeschwindigkeit von über 180 Kilometern können Schwalben ihre Beute im Flug erhaschen. Solange ihr Leben währt, braucht jede Schwalbe täglich bis zu 2000 Fliegen und Mücken.

Die ständig hungrigen Jungen sperren ihre Schnäbel weit auf und veranlassen dadurch die Eltern, ihnen immer neues Futter zu bringen. Die Eltern brüten zweimal im Jahr.

Der Herbst naht, die Nahrung wird knapp! Die Schwalben versammeln sich und ziehen nach dem Süden. Beim Rasten unterwegs achtet jede darauf, daß sie rechts und links genug Abstand hat.

Bei klarem Wetter fliegen sie meistens 200 Meter hoch. Sobald es aber schlechter wird und die Insekten tiefer fliegen, folgen ihnen die Schwalben. Von Schiffen aus kann man sie dann oft sehen.

»Willkommen in Afrika!« ruft dieses Negerkind. Es sieht die vielen Schwalben, die wie jedes Jahr aus dem kalten Norden in das warme Afrika kommen, wo es Nahrung in Fülle gibt.

Adebar, der Weißstorch

Meister Adebar, der Storch, ist ein lieber Gast. Mit seinem langen roten Schnabel, den roten Stelzbeinen, dem weißen Gefieder und den schwarzen Schwingen gefällt er groß und klein. Kindern erzählt man noch heute das Märchen vom Klapperstorch, der die kleinen Menschenkinder vom Himmel auf die Erde bringe ... Storchenbabys wachsen schnell heran, machen schon bald die ersten Stehversuche im Nest und regen die Flügel, als wüßten sie, daß ihnen im Herbst der lange Weg nach Afrika bevorsteht. Mit 8 bis 9 Wochen werden sie flügge, verlassen das Nest und gehen auf Nahrungssuche. Im September/Oktober versammeln sich die Störche (sie sind 100 cm groß) auf sumpfigen Wiesen und treten den langen Flug über das weite Meer an.

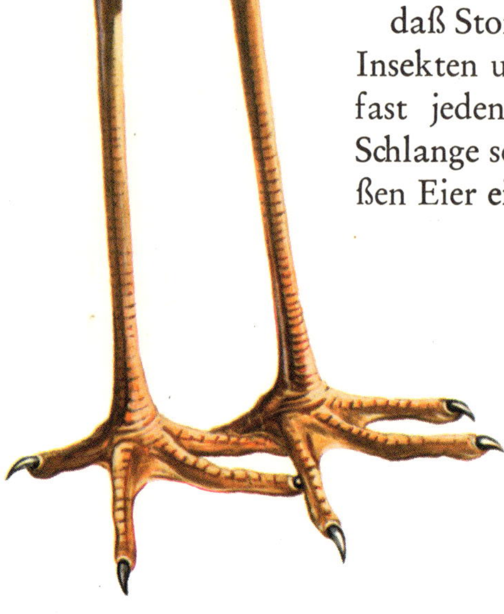

Weißt du,
daß Storcheneltern ihren Kindern Frösche, Mäuse, Insekten und auch Fische ins Nest bringen? Daß sie fast jeden Grashüpfer, jeden Wurm, jede kleine Schlange schon von weitem entdecken? Daß die weißen Eier eine feine, glatte Schale haben?

Lieblingsnahrung:

Fische

Ratten und Mäuse

Frösche

In einigen Ländern Europas finden die Störche jedes Frühjahr ein altes, von Menschenhand erhaltenes oder vorbereitetes Nest vor, denn noch heute glauben viele Leute, daß Störche Glücksbringer sind.

Störche auf dem Zug. Mit ihren großen, weit ausgebreiteten Schwingen fliegen sie mit einer Tagesgeschwindigkeit von 100 bis 200 Kilometern durch die Lüfte – der Weg nach Afrika ist sehr weit.

Meister Adebar und Frau Adebar haben eine seltsame Art, sich guten Tag zu sagen. Zur Begrüßung legen sie den Kopf weit nach hinten auf den Rücken und klappern mit ihren Schnäbeln.

Als Rastplätze suchen sich die Störche auf ihren langen Reisen hohe Türme, Schornsteine oder Felsengipfel aus. Und Felsengipfel, finden sie auch in bestimmten Gegenden Afrikas, die sie kennen.

Wie andere langbeinige Vögel schlafen Störche auf einem Bein. Für sie ist das sehr bequem, denn so können sie mal das eine, mal das andere Bein belasten und trotzdem das Gleichgewicht halten.

Hier seht ihr, wie die Storchenmutter ihre Jungen vor Sonne oder Regen schützt. Vater und Mutter sind rührend um ihre Kinder besorgt, bis die Kleinen nach etwa 65 Tagen flügge geworden sind.

Der Haussperling

Ob in der Stadt oder auf dem Land, überall hörst du das muntere Geschilpe des Sperlings, unseres Spatzen. Er nistet in Dachrinnen, auf Bäumen, Sträuchern und Hecken, doch immer in der Nähe einer menschlichen Behausung. Oft streuen wir ihm Brotkrumen und Küchenabfälle für seine ewig hungrige Familie aufs Fensterbrett, und eines Tages sitzen Vater und Mutter samt Kinderschar vor dem Küchenfenster und warten auf nahrhafte Gaben. Aufgeregt schlagen die Jungen mit ihren Flügeln und wollen gefüttert werden. Obwohl sie schon groß genug sind und selber picken könnten, werden sie immer noch von ihren Eltern versorgt. »Guck mal, ist das nicht hübsch!« rufen wir aus und wissen nicht, daß wir kleine »Diebe« großziehen, die, wenn es gar zu viele sind, auf Getreide- und Blumenfeldern manchen Schaden anrichten. Während der Paarungszeit jedoch vertilgen sie eine Menge Fliegen, Mücken und andere schädliche Insekten. Wir wären bestimmt sehr traurig, wenn unser frecher Spatz eines Tages nicht mehr in unserem Garten erschiene.

Weißt du,

daß Spatzenweibchen oft 3 mal im Jahr Junge großziehen? Daß die Nester meist liederliche Gebilde aus Federn, Stoffetzen oder Grashalmen sind? Daß sie sich manchmal sogar in den alten Nestern anderer Vögel niederlassen? Daß der Spatz 15 cm groß ist?

Lieblingsnahrung:

Getreidekörner

Fliegen

Keimlinge

Brotkrumen

Ihr Nest ist nicht hoch genug über dem Boden, doch die Spatzenmutter rettet ihre Jungen vor der Katze. Die Mutter tut so, als ob ihr Flügel gebrochen wäre, Mieze vergißt das Nest und stellt *ihr* nach.

Mieze springt. Doch der schlaue Spatz stiebt blitzschnell davon und entgeht den scharfen Krallen. Wenn Mieze Glück hat, kann sie einmal ein Spatzenkind fangen, das aus dem Nest gefallen ist.

Spatzenvergnügen: das Staubbad! Sie wälzen sich, plustern sich auf und sorgen, daß alle Federn, besonders die feinen Daunen, etwas abbekommen. So ein Trockenbad hilft gegen lästiges Ungeziefer.

Bei heißem Wetter nehmen die Spatzen in Pfützen und flachen Tümpeln ein Bad, tauchen aber nicht, flattern nur mit den Flügeln durchs Wasser und »duschen« sich ab, daß die Tropfen sprühen.

Unter den Zuschauern herrscht große Aufregung, weil zwei Spatzen sich in die Federn geraten sind. Denn hier ist ein Männchen in das Revier eines anderen Männchens gekommen und wird von dem Revierinhaber heftig bekämpft und vertrieben.

Leider ist der kleine Spatz ein Feind des Bauern. Denn mit seinem Schnabel hackt er wie mit einer Spitzhacke Weizen-, Gerste- und andere Getreidekörner heraus. Dies gilt besonders für den Feldsperling.

Die Gottesanbeterin

Welch seltsamer Name für ein Insekt! Man könnte meinen, sie erhebe ihre Vorderbeine wie zum Gebet. Fast hätten wir sie nicht gesehen, denn ihr grüner Körper hebt sich kaum von den Pflanzen ab. Sie kann stundenlang unbeweglich auf einem Fleck sitzen, doch sobald eine Mücke oder ein anderes Insekt in ihre Nähe kommt, schnellen ihre furchtbaren Greifer vor, halten die Beute fest, die bei lebendigem Leib gefressen wird. Menschen tut sie nichts. Sie ist 5 bis 7 Zentimeter groß. In manchen Ländern wird sie als Haustier gehalten, weil sie eine so gute Fliegenfängerin ist.

Lieblingsnahrung:

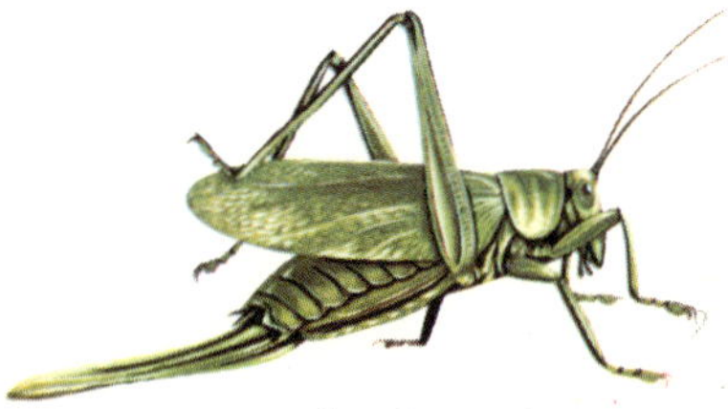

Grashüpfer

Käfer

Weißt du,

daß das Weibchen größer ist als das Männchen? Daß das Weibchen trotz seiner großen Flügel kaum einmal fliegt? Daß das Männchen nach der Paarung vom Weibchen aufgefressen wird?

Das Männchen (oben) bei der Werbung. Doch wenn es sich danach nicht rechtzeitig davonmacht, wird es von seinem Weibchen einfach aufgefressen.

Ja, hier verspeist sie ihr Männchen, es ist ihr Hochzeitsmahl. Und welch einen Appetit sie hat! An einem Tag kann sie 3 Grashüpfer, 1 Spinne und 1 andere Gottesanbeterin fressen.

Auf manchen Pflanzen warten Ameisen ungeduldig auf das Ausschlüpfen junger Gottesanbeterinnen. Doch es schlüpfen so viele gleichzeitig, daß nicht alle gefressen werden und viele entkommen.

Ihre Eier schützt die Gottesanbeterin mit einem Mantel aus Schaum, der an der Luft rasch trocken wird. Doch selbst beim Eierlegen muß sie lauern, fangen und fressen, wie auf diesem Bild zu sehen ist.

Der Schwalbenschwanz

Weißt du, warum der schöne, große Schmetterling, der im Mai oder Juni über unsere Felder und Wiesen gaukelt, Schwalbenschwanz heißt? Weil die langen Flügelenden fast wie ein gegabelter Schwalbenschwanz aussehen. Sein herrliches Farbmuster ist eine Pracht, wie von Künstlerhand aufgepinselt. Instinktiv »weiß« das Weibchen genau, wohin es seine Eier legen muß. Während der Kohlweißling stets die Unterseite der Kohlblätter wählt, sucht sich das Schwalbenschwanzweibchen Möhren und andere Pflanzen aus – etwas, das für hungrige Raupen geeignet ist. Des Nachts schläft es mit eingezogenem Kopf im tiefen Gras, hüllt seinen Körper in die gefalteten Flügel und schützt sich so vor der kühlen Nachtluft.

Weißt du,

daß Schwalbenschwänze in einer Stunde über 10 Kilometer zurücklegen können? Und das, obwohl sie nur eine Flügelspannweite von 7 cm haben. Daß sie bei warmem Wetter nur wenige Wochen am Leben bleiben, sich paaren und ihre Eier ablegen? Daß die Raupen als „Puppen“ überwintern und daraus in den letzten Frühlingstagen große Schmetterlinge ausschlüpfen?

Lieblingsnahrung:

Petersilie

Wilde Möhre

Ei wie ein Goldkörnchen

Die winzige Jungraupe

Die Raupe

Die Puppe

Schmetterlinge können Farben mühelos unterscheiden. Man kann sie durch bunte Pappdeckelstücke anlocken. Der Schwalbenschwanz sieht Gelb, Rot, Blau, Grün und Braun.

Schmetterlinge kosten mit ihren Beinchen, dort sitzt der Geschmackssinn. Stell dir vor, du müßtest dich auf den Kuchen stellen und mit deinen Füßen versuchen, ob er auch gut schmeckt!

Ein Schmetterling beim Mahl. Zuerst berührt er die Blüte mit seinen Füßen, ob es sich lohnt, und wenn es gut schmeckt, entrollt sich seine aufgewickelte Zunge und saugt den Blütennektar auf.

Die weiblichen Schwalbenschwänze locken die Männchen von nah und fern mit ihrem Duft an, der bei günstigem Wind fast einen Kilometer weit getragen wird. Diesem Duft folgen die Männchen wie einem unsichtbaren Wegweiser über Felder und Wiesen.

Beim Hochzeitsspiel berühren sich Männchen und Weibchen mit ihren Fühlern. Er verbeugt sich, sie macht einen tiefen Knicks, und dann umschließt er mit seinen gefalteten Flügeln ihre Fühler. Ist das nicht ein hübscher Anblick?

Der Gabelschwanz

Wie wunderbar ist der kleine Nachtfalter! Im Schein des Mondlichts kannst du an Kopf, Hals und Füßen deutlich die dichten Haarschuppen erkennen, die dich fast an die Mähne eines Löwen erinnern. Doch hier hat jede Haarschuppe, hier haben auch die Fühler, die wie zwei Kämme aussehen, eine bestimmte Aufgabe, wie bei den Menschen die Sinnesorgane. Sie dienen zum Hören, Riechen, Sehen und Tasten. Wie alle Nachtfalter verbringt der Gabelschwanz dreiviertel seines Lebens bei Dämmer- oder Mondlicht.

Weißt du,
daß Gabelschwänze sich von vielen Pflanzen ernähren können? Daß sie ihre Eier auf den Blättern von Weide, Birke, Nußbaum und Platane ablegen? Daß die Männchen aus nah und fern herbeischwirren, sobald sie von den Weibchen eine »Duftnachricht« erhalten? Daß der Gabelschwanz eine Flügelspannweite von 7—8 cm hat?

Lieblingsnahrung:

Pflaumen

Birkenblätter

Weidenblätter

Eier und Raupe

Raupe im Kokon

Puppenstadium

Fertiger Gabelschwanz

Wenn du winzig klein wärest und diesem schrecklichen Ungeheuer gegenüberständest, müßtest du um dein Leben rennen. Denn mit seinen aufgeplusterten Backen, seinen Peitschenschwänzen und der Säure, die es unter dem Mund herausspritzt, verteidigt es sich.

Die drei schlafen auf einem Baumstamm. Fast hätten wir sie nicht erkannt, denn sie sind kaum von der grauweißen Rinde zu unterscheiden. Diese Tarnung schützt sie vor manchen Feinden.

Nachtfalter fliegen immer dem Licht entgegen. Der helle Schein einer Laterne zieht sie unwiderstehlich an, und in immer engeren Kreisen umflattern sie das Licht, bis sie schließlich aufprallen.

Dem Gabelschwanz entgeht nicht das leiseste Geräusch. Seine Hörorgane scheinen selbst die Mikrowellen aufzunehmen, die von fliegenden Fledermäusen ausgesandt werden.

Wo sitzen beim Gabelschwanz die Hörorgane? Sie befinden sich an einer Stelle, die du nie erraten würdest: an der Kehle – eine von feinsten Härchen umgebene Öffnung wie bei unserem Ohr.

Die Hausspitzmaus

Hier sieht die Spitzmaus wie ein Riese aus, doch eigentlich ist sie nur 6 bis 8 Zentimeter groß. Obwohl sie eines der kleinsten Säugetiere ist, entwickelt sie einen Riesenhunger. Sie atmet 50 mal schneller als ein Mensch, und ihr Herz schlägt 800 mal in der Minute! Deswegen muß sie sich Tag und Nacht alle 2 bis 3 Stunden neue Kräfte anfuttern, um nicht vor Hunger zu sterben. Ihr kurzes Leben ist eine einzige Hetze rund um die Uhr. Ein kurzes Nickerchen, und schon muß sie wieder auf die Jagd. Alle 24 Stunden vertilgt sie dreimal so viel wie sie wiegt.

Weißt du,

daß die Spitzmaus schlecht sieht, so daß sie die Beute hauptsächlich mit ihrem Geruchssinn finden muß? Daß die Hausspitzmaus nur eineinhalb Jahre alt wird? Daß sie 8 verschiedene Lautäußerungen hat?

Lieblingsnahrung:

Wespen

Ameisen

Tote Vögel

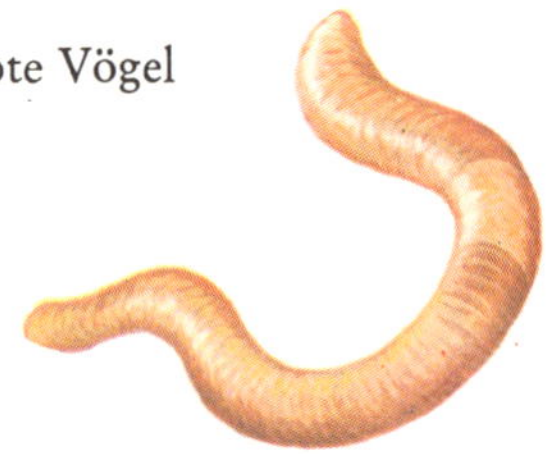

Regenwürmer

Die Spitzmaus kommt nackt und blind auf die Welt, ist nicht größer als eine Biene und ist noch ein richtiges Fliegengewicht.

Mutter Spitzmaus zieht um. Weil ihre Kinder so schlecht sehen und sich unterwegs verirren würden, hat sie ihre Kleinen ins Schlepptau genommen.

Sie sorgt für den Winter vor und sieht nach, ob ihre Speisekammer auch wirklich bis zum Rande mit Schnecken, Käfern, Raupen, Saatkörnern, Puppen und angeknabberten Tierleichen gefüllt ist.

Mieze hielt die Spitzmaus für eine richtige Maus. Und als ihr eine übelriechende Flüssigkeit aus einer Drüse an der Schwanzwurzel der Spitzmaus entgegenspritzte, wurde ihr ganz schlecht.

Männchen, die sich begegnen, gehen wütend aufeinander los. Nach dem Kampf wirst du das eine vermissen. Nur noch ein paar Vorderzähnchen und ein bißchen Fell sind von ihm übriggeblieben.

Eine Spitzmaus wird aufgewogen gegen eine ihrer täglichen Riesenmahlzeiten. Als ob sie eine Alarmglocke in ihrem Magen hätte, die sie regelmäßig ans Fressen erinnert. So ein gehetztes Leben kann nicht lange währen.

Mull, der Maulwurf

Weil dieser kleine Wühler fast sein ganzes Leben einige Zentimeter unter der Erde verbringt, sieht man ihn nur selten. Doch die vielen Erdhügel, die er bei seinen Tunnelarbeiten aufwirft, verraten ihn. Seine Vorderbeine sind mit scharfen Krallen versehene Grabschaufeln. Mulls kleine Augen und Ohren sind in seinem dichten Fell verborgen. Er sieht nicht besonders gut. Seine Nahrung findet er mit Hilfe des Tast- und Geruchssinnes. Da Mull nur Maikäferlarven, Drahtwürmer, Regenwürmer und sogar Wühlmäuse vertilgt, ist er sehr nützlich. Trotzdem schimpfen wir über ihn, weil seine Erdhügel unsere Rasen verunzieren.

Weißt du,

daß Maulwürfe jedes Lebewesen vertilgen, das sie im Erdboden finden, auch Raupen, Spinnen und mitunter sogar ihre eigenen Kinder? Daß der Maulwurf ohne Schwanz schon 15 cm lang ist?

Mulls Gänge verlaufen nicht immer geradlinig. Sobald er rechts oder links etwas Eßbares entdeckt hat, nimmt er sofort Kurs darauf. Darum sind Maulwurfshügel oft kreuz und quer im Garten verstreut.

Damit sein Tunnel immer schön sauber bleibt, befördert Mull die überflüssige Erde durch ein Loch in der Decke ans Tageslicht. Das macht er mit Schultern, Rüssel und Nacken, er arbeitet rasch.

Mull füllt seine Speisekammer mit Regenwürmern auf. Damit die Tierchen frisch bleiben, tötet er sie nicht sofort, sondern beißt ihnen die ersten Kopfringe ab, damit sie sich nicht davonmachen können.

Wenn Maulwürfe durch Überschwemmungen in Abflußrohre gespült werden, sind sie nicht verloren. Wasserleitungen sind die besten Notausgänge. Und mit ihren Grabschaufeln paddeln sie hinaus.

Ein Maulwurfs-Kinderzimmer unter einem Erdhügel. Die Jungen kommen rosarot und nackt auf die Welt. Einige der hier abgebildeten Tunnel haben keinen Ausgang, sie sind nur Beutegänge.

Normalerweise sind Maulwürfe schwarz, doch man kann auch weiße, sogenannte Albinos finden. Unser Maulwurf gräbt plötzlich in einer anderen Richtung weiter: Er hat eine Käferlarve gewittert.

Ringelchen, der Regenwurm

Ringelchen ist ein gewöhnlicher Regenwurm, von denen es in Gärten, Wiesen und Feldern wimmelt. Wenn Obst und Gemüse auf fruchtbarem Boden gedeihen können, so ist das zum großen Teil ihr Verdienst. Sein Leben lang arbeitet Ringelchen in der Nacht für sich und für uns. Obwohl er blind und taub ist, entgeht ihm nichts. Jedesmal, wenn er sich aus seiner unterirdischen Röhre wagt, wird sein Körperende sogleich mit kleinen Häkchen im Boden verankert, so daß sich Ringelchen jederzeit flugs zurückziehen kann. Deswegen müssen sich Vögel oft so anstrengen, bis sie ihren Wurm herausgezerrt haben.

Weißt du,
daß Regenwürmer keine Zähne haben und ihre Nahrung verschlingen? Daß alle Regenwürmer sowohl Männchen als auch Weibchen sind und Eier legen? Daß Ringelchen und seine Freunde jedes Jahr große Mengen Erde umgraben? Daß unter einem einzigen Hektar Ackerland oft weit über 1 Million Regenwürmer herumkriechen, die alle 10—30 cm lang sind?

Lieblingsnahrung:

Wurzeln

Faulende Blätter

Die Erde, die Ringelchen vertilgt, geht vorne rein und kommt hinten wieder heraus wie bei einem Fleischwolf. Die kleinen Erdhäufchen auf der Wiese beweisen, wie fleißig Ringelchen war.

Der Pflug bricht die Erde auf, damit Luft hineinkommt. Für Luft und Zugang für Feuchtigkeit sorgen auch Ringelchens viele Röhren. Er zieht welke Pflanzenteile in sein Reich, das beste Düngemittel.

Ringelchen riecht ein abgefallenes Blatt und zieht es in seine Röhre. Er kann jedoch keine Löcher hineinfressen wie eine Schnecke, sondern muß warten, bis es ganz verfault ist, dann erst verschlingt er es.

Ringelchen braucht Feuchtigkeit und Dunkelheit. Sonnenschein lähmt ihn, so daß er nicht mehr in die Erde verschwinden kann. Nach wenigen Stunden ist er ausgetrocknet und tot.

Ringelchen legt seine Eier in Kapseln aus erstarrendem Schleim ab. An dem unteren Kokon seht ihr, wie kleine Regenwürmer ausschlüpfen. Bei der Geburt sind sie knapp 1 Zentimeter lang.

Wenn es draußen sehr naß ist, schließen wir wegen der feuchten Luft Tür und Fenster. Ringelchen dagegen braucht Feuchtigkeit. Bei Hitze verziehen sich er und seine Brüder in ein feuchtes Erdloch.

Die Weinbergschnecke

Die gewöhnliche Weinbergschnecke ist ein seltsames Tier. Betrachte ihren gummiweichen Körper, ihre platte Kriechsohle und ihren dicken Hals! Du kannst dir kaum vorstellen, daß sich ihr Körper so klein machen kann, daß er in das Haus paßt, das die Schnecke auf dem Rücken trägt. Aber es geht! Und weil die Schnecke viele Feinde hat, muß das ruckzuck gehen. Und die Augen, die sitzen auf langen Fühlern! Und darum kann die Schnecke sogar sehen, was hinter ihr vorgeht. Doch bei der geringsten Berührung werden die Fühler flugs eingezogen. Eine Schnecke muß sich ständig in einen Mantel aus Schleim hüllen, sonst würde er austrocknen. Darum klebt sie so oft an Hauswänden oder Steinen, denn der Körper darf nie austrocknen.

Weißt du,
daß der Schnecken»fuß« kein richtiger Fuß, sondern eine Kriechsohle ist? Daß sich der Schneckenfuß wellenartig von hinten nach vorne weiterbewegt? Daß Schnecken zu den Weichtieren gehören?

Lieblingsnahrung:

Pilze

Blumenkohl

Salat

Ehe Schnecken Eier legen können, müssen sie sich paaren. Dabei drängen sie sich aneinander und lassen sich erst nach 2 Stunden los. In dieser Zeit tauschen sie Befruchtungsstoffe für die Eier aus.

Weinbergschnecken legen ihre 40 bis 70 Eier aus einer Öffnung unterhalb des rechten Augenfühlers ab und hüllen sie in Schleim. Nach etwa 3 Wochen schlüpfen kleine Schnecken aus.

Von Oktober an fallen die Schnecken in Winterstarre und kommen erst wieder zum Vorschein, wenn die Bäume ausschlagen und es wärmer wird. Diese Gehäuse haben einen Durchmesser von ca. 40—45 cm.

Eine Gartenschnecke läßt es sich schmecken. Ihre Zunge ist mit unzähligen Zähnchen besetzt, mit denen sie jede Nahrung zerraspelt, bis sie sie mühelos schlucken kann.

Siehst du den Schleim auf dem Pilz? Dort ist die Schnecke gekrochen. Sieht das andere Schneckenhaus nicht merkwürdig aus? Doch es gibt noch seltsamere Formen.

Die kriechende Schnecke hinterläßt eine klebrige, glitzernde Spur, die bald erstarrt. Den Schleim scheidet sie aus einer Drüse am Kopf aus. So kann sie sogar ruhig über eine Rasierklinge kriechen.

Das Rotkehlchen

Sicher hast du den kleinen Sänger mit der satt orangefarbenen Kehle und den glänzenden Augen schon vernommen, als er in eurem Garten sein »Tick-tick« und das leise »Ziep« oder das dünne, warnende »Zieh« hören ließ. Rein perlen die Töne aus seiner Kehle. Es ist nicht immer nur der Balzgesang, was wir vom Rotkehlchen hören. Nur im Frühling versuchen die Männchen mit ihrem Gesang die Weibchen zu betören, doch im Sommer und im Herbst schmettern sie ihren Kampfruf in die Lüfte: »Mein Land! Mein Land! Anderen Vögeln Zutritt verboten!« Rotkehlchen suchen sich oft sonderbare Nistplätze aus: eine alte Blechbüchse, ein ausgedienter Stiefel oder ein Loch in der Wand – Hauptsache, es bietet guten Schutz. Unser Rotkehlchen hat einen alten Blechkrug gewählt.

Weißt du,
daß das Rotkehlchen fast jeden Regenwurm aus seiner Röhre ziehen kann? Daß es nicht nur Insekten und andere kleine Lebewesen vertilgt, sondern auch Obst, Beeren und Küchenabfälle? Daß es bei seinen Kämpfen außer ein paar ausgerissenen Federn selten ernstlich verletzt wird, weil der Schwächere nachgibt?

Lieblingsnahrung:

Insekten

Ein Weibchen, das ein Männchen sucht, flattert aufgeregt wie ein Nestling, der um Futter bettelt, und das Männchen füttert es. Doch es wird Ende März, bis beide ein Pärchen bilden.

Im Frühjahr sitzen die Rotkehlchen auf erhöhten Stellen in ihrem Revier und schmettern: ›Mein Revier! Mein Revier!‹ Sobald sich ein anderes über die Grenze wagt, kommt es zum Kampf.

Das Rotkehlchen wird sehr böse, wenn ein ungebetener Gast kommt. Selbst vor der Eule hat es keine Angst, obwohl es nur 14 cm groß ist, und geht mit aufgerissenem Schnabel und gespreizten Krallen auf den Eindringling los.

Das Rotkehlchen ist ein standhafter kleiner Vogel. Ende Dezember beginnt es zu singen und fühlt sich selbst bei Schnee noch wohl. Deswegen ist es auch ab und zu auf Weihnachtskarten abgebildet.

Der Rotkehlchenmann ruft sich zum Alleinbesitzer seines neuen Königreiches aus, das von dem Landhaus bis zu dem Zaunpfahl reicht, auf dem er sitzt. Zum Zeichen seiner Herrschaft schmettert es seinen Gesang hinaus. Damit hat das Rotkehlchen sein Revier abgesteckt, und alle Vögel wissen, daß sie hier nichts verloren haben.

Attika, die Landschildkröte

Obwohl Attika ein träges Geschöpf ist und sich nur schleppend fortbewegt, weiß sie genau, was sie will. Du kannst sie als Haustier halten und in ein eigens für sie zurechtgemachtes Gärtchen oder in euren Garten setzen. Attika kann über 50 Jahre alt und bis zu 25—30 cm lang werden, und steckt in einem 30 cm langen Panzer. Hier siehst du, was sie alles vertilgt. Eine zahme Schildkröte wird sogar rohes Fleisch und Fischstückchen aus deiner Hand fressen. Schon frühmorgens wird Attika wach, nimmt mal hier, mal dort einen Bissen und knabbert sich so bis zum Abend durch. Dafür kann sie dann wochenlang fasten.

Weißt du,
daß die zweilidrigen Augen dich aus meterweiter Entfernung erspähen? Daß der harte Panzer ihren Körper auch vor dem Austrocknen bewahren hilft? Daß sie Speck ansetzt, von dem sie während der Winterstarre zehrt? Daß sie ihre Nahrung mit den scharfen Kieferrändern zerschneidet?

Lieblingsnahrung:

Frau Schildkröte legt 8 bis 15 Eier in einem selbstgegrabenen Loch ab, scharrt Erde darüber und kriecht anschließend davon. Weiter kümmert sie sich nicht um ihre Nachkommenschaft.

Vor Anbruch der kalten Jahreszeit gräbt sich Attika ein Loch in den Boden, in dem sie bis zum Frühjahr in Winterstarre bleibt. Sobald es auf der Erde genug Futter gibt, wird sie wieder munter.

Die Jungen schlüpfen nach 3 bis 4 Monaten allein aus. Das Schildkrötenkind muß sich sehr plagen, bis es sich an die Erdoberfläche gearbeitet hat. Nach 5 bis 7 Jahren ist es so groß wie seine Mutter.

Eine Schildkröte besitzt keine Ohren, kann aber aus weiten Entfernungen Erschütterungen wahrnehmen. Diese hier wird sich beeilen müssen, damit sie dem Traktor nicht unter die Räder gerät.

Die Männchen sind zur Paarungszeit sehr angriffslustig. Jetzt kämpfen sie bei jeder Gelegenheit und versuchen, den anderen auf den Rücken zu legen. Hilflos strampelt er dann mit seinen Beinchen in der Luft und bekommt zu guter Letzt noch einen Biß verpaßt.

Doch obwohl der Kampf böse aussieht, verletzen sie sich nicht ernsthaft dabei, denn sie sind sehr hart im Nehmen.

Bufo, die Erdkröte

Bufo ist der wissenschaftliche Name für die europäische Erdkröte. Papa Bufo scheint tief in Gedanken versunken zu sein. Frag ihn doch, wie sich eine Kröte von einem Frosch unterscheidet, er verrät es dir sicher. Frösche hüpfen, Kröten »kriechen«. Frösche besitzen eine glatte Haut, die Krötenhaut ist mit unzähligen Warzen bedeckt. Frösche leben vielfach im Wasser, Kröten dagegen auf dem Lande. Frösche stoßen sich mit ihren langen Hinterbeinen rasch durchs Wasser, doch Kröten können mit ihren kurzen dicken Beinchen keine Sprünge machen. Trotzdem ist Papa Bufo ein guter Schwimmer. In Gärten vertilgt er Wegschnecken, Raupen und überhaupt alle schädlichen Insekten. Tagsüber verbirgt er sich an feuchten, schattigen Stellen, doch nachts geht er auf Jagd. Obwohl Papa Bufo schwerfällig ist, kann er mit seiner beweglichen Zunge jedes herankommende Insekt schnappen. Zahme Kröten können dir sogar aus der Hand fressen. Dabei schließt Papa Bufo die Augen, die dazu helfen, die Nahrung in den Schlund zu drücken.

Weißt du,

daß Kröten 25 Jahre alt werden können? Daß sie nie haarige Raupen anrühren, obwohl Raupen eine ihrer Lieblingsspeisen sind? Daß sie sitzen bleiben, wenn ein Feind im Anzug ist, da sie nun einmal nicht so flink sind wie ein Frosch?

Lieblingsnahrung:

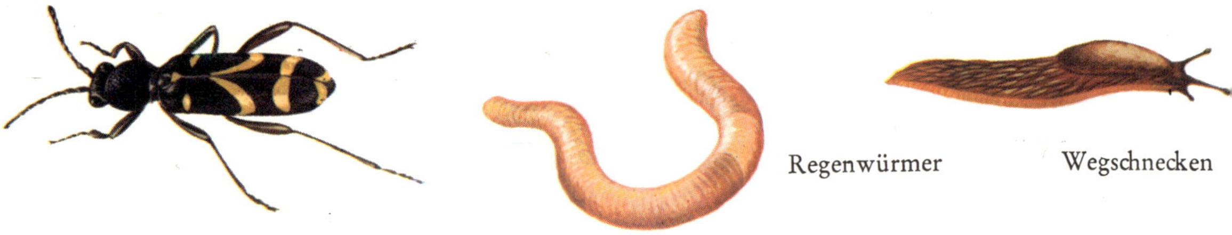

Insekten — Regenwürmer — Wegschnecken

Entwicklung: Die Kröten legen ihre Eierschnüre im Wasser ab. Daraus schlüpfen Kaulquappen. Sobald sich ihre Vorderbeine entwickelt haben, kriechen die Tierchen an Land und suchen Nahrung.

Wenn der Winter ins Land zieht, verkriecht sich Bufo in der Erde und fällt in Winterstarre. Bei Anbruch der wärmeren Jahreszeit kommt er zum Vorschein und beginnt sein Krötenleben von neuem.

Wenn ein anderes Tier eine Kröte zu beißen versucht, sondert ihre warzenbedeckte Haut eine scharfe Flüssigkeit ab. Kein Wunder, daß der Angreifer den »Leckerbissen« schnell wieder ausspuckt.

Manchmal bleibt eine Kröte, die tagsüber nach einem verborgenen Plätzchen sucht und in eine Spalte kriecht, stecken. Dort muß sie oft lange eingezwängt sitzen, bis sie genügend abgemagert ist.

Neben Insekten kann Bufo gelegentlich auch »größere Brocken« vertilgen. Mit Mühe verschlingt er solche Beute: Es dauert aber eine ganze Weile, bis er den Bissen hinuntergewürgt hat.

Zur Paarungszeit musizieren sie. Viele Kröten und die meisten Frösche können ihre Kehlen wie Bälle zu einer riesigen Schallblase aufblasen und dabei krächzende, grunzende und quakende Laute ausstoßen und damit die Weibchen anlocken, die bis zu 5 cm größer sind als die Männchen mit einer Größe von nur 10 cm.

Der Puppenräuber

Dieser strahlend bunte Käfer, auch Raupentöter genannt, ist einer der schnellsten Räuber in der Insektenwelt. Seine Flügeldecken schillern grünfarben, sein Brustpanzer strahlt leuchtend blau. Die harten, scharfen Zangen vorn am Kopf sind richtige Mordwerkzeuge und zerlegen Lebewesen, die viel größer sind als der 3 Zentimeter lange Puppenräuber. Aus dem Bergland wurden diese Käfer in unsere Grünanlagen gebracht und verhindern, daß das Laubwerk der Eichen und Kiefern von Schädlingen zerfressen wird. Mit Vorliebe verspeisen sie die eigenartigen Schmetterlingsraupen des »Prozessionsspinners«, die in der Abenddämmerung ihr Zerstörungswerk am Blattwerk der Bäume beginnen.

Weißt du,

daß der Puppenräuber nur das weiche Innere der Raupe verzehrt und die leere Hülle liegen läßt? Daß Grillen und selbst ziemlich große Insekten von den Greifzangen erfaßt und von den Mundteilen ausgefressen werden?

Lieblingsnahrung:

Schmetterlinge, Raupen, Puppen

Grillen

Je größer, desto besser! Mit seinen spitzen Mundzangen durchbohrt der Puppenräuber die Oberhaut der dicken Schwärmerraupe. Dann beginnt er den Festschmaus und läßt sich die saftige Beute schmecken.

Gemeinsam geht es besser! Oft gehen Puppenräuber zu zweit auf Jagd. Und das ist das Ende für die unzähligen Raupen des Prozessionsspinners, die sich gerade an den saftigen Fraß machen.

Das Weibchen legt seine Eier in kleinen Löchern neben einer Wurzel ab. Im mittleren Loch seht ihr eine Eizelle, aus der rechts eine Larve ausgeschlüpft ist. Links eine weitere Entwicklungsstufe: die Puppe, die sich bald in den fertigen Käfer verwandeln wird.

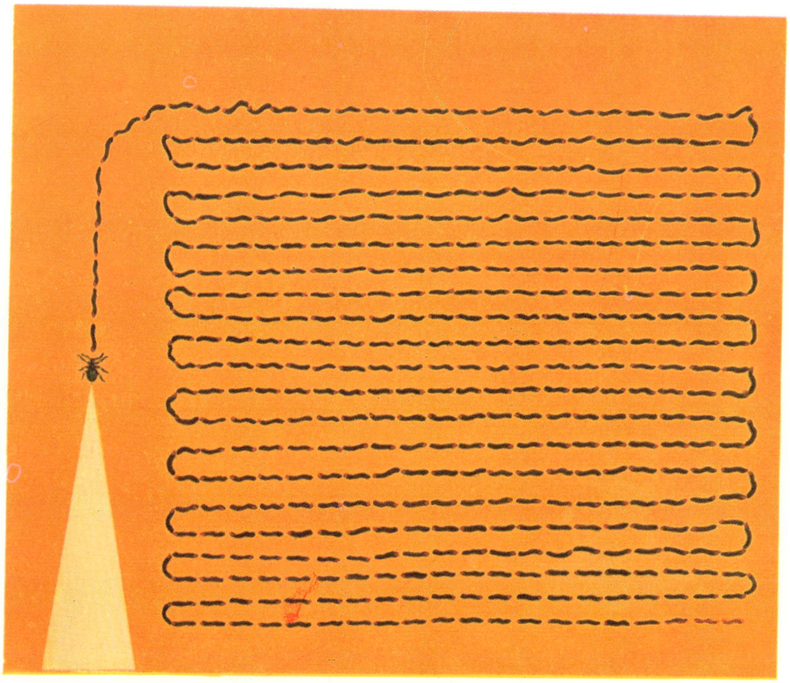

In einem Sommer vertilgt ein einziger Puppenräuber bis zu 450 Prozessionsspinnerraupen. Diese Raupen, die im Frühjahr mit ihrer zerstörerischen Arbeit beginnen, treten in Massen auf und bilden zuweilen auf den Ästen lange Ketten. Zu ihrer Bekämpfung wurden Tausende von Puppenräubern nach Amerika ausgeführt. Sicher gehören sie zu den beliebtesten Auswanderern, die jemals den Atlantik überquert haben!

Der Zaunkönig

Unsere Zaunkönigin schaut hoheitsvoll auf den Zaunkönig herab, der sich mit dem Nestbau abplagt. Nie ist das selbstbewußte Weibchen dazu zu bringen, auch ein Nest zu bauen; sie sucht sich lieber ein Plätzchen im Laub, ein Loch oder eine Mauerritze. Als ob sie es nötig hätte, in einem alten Schuh zu wohnen! Am liebsten hüpft unser Zaunkönig im grünen Blattwerk umher, denn dort findet er die beste Nahrung. Und plötzlich entdeckst du im Dickicht einen keck in die Höhe gestellten Schwanz, und heraus schwirrt entweder er oder sie und fliegt davon, vielleicht in ein neues Jagdrevier.

Weißt du,

daß Zaunkönigeier rot gesprenkelt sind? Daß die dunkelgrauen Nestlinge knallgelbe Schnäbel haben? Daß manchmal der Zaunkönig zwei Weibchen in zwei verschiedenen Nestern hat?

Lieblingsnahrung:

Schmetterlingseier und -larven

Beeren

Zur Paarungszeit schenkt der Zaunkönig (er wird 9 cm groß) seiner Zaunkönigin Blätter und Zweige und baut flüchtige kleine Nester, bis sie ihn verstanden und erhört hat.

Er bietet ihr einige unvollständige Nester an. Und wenn sie ihm wohlgesonnen ist, sucht sie sich eines davon aus. Die verschmähten nennt man »Männchennester«. Sie legt 5 bis 7 Eier, jeden Tag eins.

Wie das Rotkehlchenmännchen braucht der Zaunkönig viel Lebensraum. Um seinen Herrschaftsbereich zieht sich eine unsichtbare Grenze, die kein anderer Zaunkönig ungestraft überschreiten darf.

Das Männchen, das sein Nest und seine Kinder verteidigen muß, fürchtet keinen Vogel, er mag noch so groß sein. Die Eindringlinge merken das auch bald und ziehen sich schleunigst wieder zurück.

Unser Zaunkönig singt fast das ganze Jahr über sein lautes, schmetterndes, mit hohen Trillern verziertes Lied, und unzählige Male zwitschert er täglich sein hartes »Tit-tit-tit« und »Zerr« in die Lüfte.

Unser Zaunkönig ist froh, daß er ein feines Loch für sein Nest gefunden hat und beginnt mit dem Bau. Diesmal mag auch seine Frau zufrieden sein, denn es hat von vornherein ein wettersicheres Dach.

Der Stieglitz

Ist er nicht wunderhübsch in seinem leuchtenden Federkleid? Dieses muntere Kerlchen ist bei Bauern, Obst- und Gemüsegärtnern ein gern gesehener Freund, denn er macht sich mit Vorliebe über das lästige Unkraut her, das dem Getreide und den Blumen Platz und Nahrung wegnimmt. Distelsamen mag er am liebsten (er wird auch Distelfink genannt), und nicht selten entdeckst du eine ganze Familie fröhlich schmausend inmitten dieser stachligen Pflanzen. Obwohl er ein schneller Flieger ist und bis zu 42 Kilometer in der Stunde zurücklegen kann, flattert er auf kürzeren Strecken wie die Schmetterlinge im Zickzackflug dahin. Freilebende Stieglitze einzufangen, ist strengstens verboten. Käfigvögel werden in Vogelhäusern großgezogen. Sie brauchen gute Pflege und sind schon seit undenklichen Zeiten beliebte Hausgenossen.

Weißt du,

daß sie außer Distelsamen auch die von Kreuzkraut, Sauerampfer und anderem Unkraut verspeisen? Daß sie im Sommer 2 bis 3 mal brüten können? Daß der Stieglitz 12 cm groß wird?

Lieblingsnahrung:

Sonnenblumenkerne

Distelsamen

Ein Stieglitzmännchen begegnet im Frühling einem Weibchen. Seht ihr, wie er es gleich umwirbt? Und um zu zeigen, was er kann, führt er die schwierigsten und tollsten Kunststückchen vor...

...und wenn er nach einiger Zeit merkt, daß seine Vorführungen Eindruck gemacht haben, pickt er das schönste Blatt ab, das er finden kann, und überreicht es als Verlobungsgeschenk.

Unentwegt fliegt der Papa aufs Feld und mit Futter im Schnabel zum Nest zurück zu den hungrigen Jungen. Manchmal fliegt er an einem einzigen Tag 200 mal fort und wieder heim!

Ein Stieglitz schmettert sein Lied. Doch manchmal kann er auch ein Krachmacher sein. Wenn mehrere Stieglitze von Pflanze zu Pflanze fliegen, führen sie fast ununterbrochene Zwitscher-Gespräche.

Die kleinen umhäuteten Kotpäckchen der Stieglitznestlinge werden von der Mutter sofort aus dem Nest geschafft, denn die Eltern sind sehr darauf bedacht, daß ihre Wohnung immer schön sauber ist.

Die Blaumeise

Sie ist im wahrsten Sinne des Wortes eine »blaue Meise«. In Berg- und Moorlandschaften wirst du vergeblich nach dem lustigen Burschen Ausschau halten, und auch sonst wirst du ihn nicht gleich zu Gesicht bekommen. Erst wenn du einen Futterring vor eurem Fenster aufhängst oder deine Mutter einmal aus Versehen eine Flasche Milch auf dem Balkon stehen läßt, kommt die Blaumeise eifrig angeflogen, denn ihren scharfen Augen entgeht nichts. Unglaublich geschickt turnt die Blaumeise in den Baumkronen herum, als ob sie auf ebener Erde spazieren ginge, und verschlingt dabei an einem einzigen Tag noch hunderte von Larven und Insekten. Eine ganz schöne Portion für einen so kleinen Vogel, denn er wird nur 11 cm groß.

Weißt du,

daß Blaumeisen sich selten auf dem Boden aufhalten? Daß sie beim Kampf ihre Kopffedern wie Hähne ihre Kämme aufrichten? Daß sie zweimal im Jahr 7 – 12 Eier legen?

Lieblingsnahrung:

Käfer

Assel

Meisen sind keine Nestbauer. Sie sind mit jedem geschützten Plätzchen zufrieden und nisten sogar in Mauerlöchern und Briefkästen. Die Hauptsache, sie können dort ruhig und unbesorgt brüten.

Woher wissen die Meisen nur, daß in den Flaschen so rahmige Milch ist? Die ganz Klugen picken nicht nur Löcher in den Deckel, sie machen ihn ganz ab, um besser an die Sahne heranzukommen.

Nichts wie drauf! Unentwegt sind die Männchen auf dem Posten und stürzen sich mit ausgebreiteten Flügeln auf jeden Eindringling, der meist viel zu erschrocken ist, als daß er sich wehren könnte.

Selbst die jüngsten Blaumeisen entdecken die aufgefädelten Erdnüsse am Baum oder den Futterring vor eurem Fenster und versuchen mit allerlei Kunststückchen, an den Leckerbissen heranzukommen.

Im Winter beansprucht jede Meise ihren eigenen Grund und Boden, als hätte sie ihn gekauft. Und sollte doch einmal ein anderer Vogel so »frech« sein, ihr Grundstück zu betreten, so wird er tatkräftig vertrieben.

Das Marienkäferchen

Du willst nicht glauben, daß dieses wunderhübsche kleine Tierchen bloß ein Käfer sein soll? Doch nicht umsonst heißt es Marien»käferchen«. Man nennt es auch Herrgottskäfer, Sonnenkälbchen oder Gotteskäfer. Es wohnt auf Blumen, auf Gräsern und Bäumen, die es von den vielen verschiedenen Blattläusen befreit. Täglich verspeist es bis zu 200 dieser Schädlinge, dabei ist es nur 6—8 mm groß, und seine Raupenkinder bringen es in einer Stunde sogar auf 30 bis 40 Stück. Wenn es keine Marienkäferchen gäbe, wären unsere Pflanzen schon längst zerstört, denn die unzähligen Blattläuse saugen ihnen den Lebenssaft aus den Blattadern. Und da sie sich obendrein noch sehr stark vermehren, könnten wir sie mit Insektengift und chemischen Spritzmitteln gar nicht alle vernichten. Deswegen müssen wir uns bei unserem kleinen Marienkäferchen recht herzlich für seine Hilfe bedanken.

Weißt du,
daß man Marienkäferchen aufsammelt und in Obst- und Blumengärten aussetzt, damit sie auf Blattläusejagd gehen? Daß es Dutzende von verschiedenen Marienkäferarten gibt, die man aber nicht alle an der Anzahl der Punkte voneinander unterscheiden kann? Daß ihre Larven schon kurz nach dem Schlüpfen aus dem Ei Blattläuse fressen?

Lieblingsnahrung:

Blattläuse

Wir können uns freuen, daß sowohl die kleinen Larven als auch die ausgewachsenen Käfer die Blattläuse vertilgen, die zu Tausenden und aber Tausenden auf den Pflanzen sitzen und sie schädigen.

Das Marienkäferchen spaziert über einen Läuseteppich. Von oben betrachtet scheint es auf dem Bauch dahinzugleiten. In Wirklichkeit setzt es seine Beinchen stramm auf, damit es besser zupacken kann.

Ein Marienkäfer marschiert auf die »Weide der Ameisenkühe«. Das gibt's. Ameisen halten sich Blattläuse, denen sie süßen Saft abzapfen. Die wütenden Ameisen machen dem Marienkäfer nichts aus.

Im Flug. Die harten Flügeldecken sind ruhig. Nur die darunter liegenden eigentlichen Flügel schwirren auf und nieder und werden erst nach der Landung gefaltet und unter den Flügeldecken geborgen.

Marienkäferchen müssen im Winter nicht sterben. Zu Hunderten vereint überwintern sie starr, erwachen im nächsten Frühjahr und legen ihre Eier. Der Krieg gegen die Blattläuse kann weitergehen.

Die bunten Käferchen werden nur allzu leicht von den Vögeln entdeckt. Doch oft können sie sich dank einer gelben, ölartigen Flüssigkeit retten, die ihr Körper bei Gefahr ausscheidet. Sie riecht so abstoßend, daß Angreifer schon aus einiger Entfernung abgeschreckt werden.